VICTOR HUGO

DESSINS

DE

GRAVÉS

PAR PAUL CHENAY

TEXTE

CASTEL, ÉDITEUR

M DCCC LXIII

TEXTE

PAR

THÉOPHILE GAUTIER

Le public sera peut-être étonné de voir que derrière
ce titre où le nom de Victor Hugo se contourne en lettres
capricieuses sur un fond d'orage & d'architecture, il ne se
trouve ni chapitre, ni ode, ni prose, ni vers, & cependant
c'est bien toujours le grand poëte qui tient la plume. Seu-
lement, cette fois, elle ne trace pas ces mots colorés comme
la lumière, vibrants comme le cristal, profonds comme l'infini,
que retiennent toutes les mémoires; mais elle s'amuse, n'étant
plus dirigée, à griffonner sur les marges de l'idée qui rêve
les vagues profils des souvenirs, les visions entrevues à travers
les brouillards, les chimères de la fantaisie & les caprices
fortuits de la main inconsciente. Que de fois, lorsqu'il nous
était donné d'être admis presque tous les jours dans l'intimité
de l'illustre écrivain, n'avons-nous pas suivi d'un œil émer-
veillé la transformation d'une tache d'encre ou de café sur
une enveloppe de lettre, sur le premier bout de papier
venu, en paysage, en château, en marine d'une originalité
étrange, où, du choc des rayons & des ombres, naissait
un effet inattendu, saisissant, mystérieux, & qui étonnait

même les peintres de profession. Tout en laissant courir les hachures négligentes, le grand poëte causait comme il écrit, tantôt sublime, tantôt familier, toujours admirable ; & l'heure de se retirer venue, chacun se disputait les dessins rayés par la griffe du lion, qu'accompagnait ordinairement quelque dédicace aimable latine, espagnole ou française, selon le caractère du croquis & de la personne qui l'emportait. Il n'est guère de disciple ou de fidèle du maître qui n'ait gardé religieusement une de ces œuvres improvisées, plus rares & plus curieuses qu'un autographe, car elles montraient l'écrivain sous un jour inconnu. Ce sont ces dessins, non pas tous, car il en existe un bien plus grand nombre, mais ceux qu'on a pu réunir, qui, traduits en fac-similé avec un bonheur surprenant par M. Paul Chenay, forment ce livre ou plutôt cet album, désormais complétement indispensable de toute édition de Victor Hugo.

Il n'est pas difficile de deviner, au prodigieux sentiment plastique de l'écrivain, qu'il eût été aussi aisément grand peintre que grand poëte ; la puissance d'objectivité qu'il possède lui eût servi pour des tableaux comme elle lui sert pour des pages & pour des livres. Mais il n'a pas poussé au delà du simple délassement cette faculté naturelle, sachant que ce n'est pas trop de tout un homme pour un seul art. Le dessin n'est donc pas une prétention chez Victor Hugo, & si parfois on a vu d'illustres maîtres tirer plus de vanité d'un talent secondaire que de l'art qui faisait leur gloire, ce n'est pas le cas de notre poëte ; il a fallu la sainte tentation d'une œuvre charitable pour qu'on pût lui arracher la permission d'éditer ces croquis.

On sait, lui-même y fait mainte allusion dans ses vers, quel infatigable promeneur c'est que Victor Hugo. Pensif & mystérieux rôdeur que la muse toujours accompagne, il aime à surprendre la solitude dans l'abandon de ses attitudes secrètes, à venir chez la nature aux heures où, n'attendant personne, elle reste en déshabillé & ne compose pas son visage. Il erre à travers les prairies lorsque sur les rougeurs du soir les files de peupliers prennent des silhouettes étranges & ressemblent à des processions de fantômes, & le matin, quand le frisson de l'aube fait grelotter le vieil orme convulsif au bord d'une route baignée d'ombre, un passant rêveur a remarqué ce tremblement noir sur les blancheurs livides de l'aurore, & vous le retrouverez dans une strophe ou dans un dessin. Le poëte possède cet œil visionnaire dont il parle à propos d'Albert Dürer; il voit les choses par leur angle bizarre, & la vie cachée sous les formes se révèle à lui dans son activité mystérieuse. La forêt fourmille étrangement; les racines fouillent le sol de leurs griffes, pareilles à des serpents rentrant dans leurs repaires; les branches aux coudes noueux, aux doigts difformes s'étendent comme des bras de spectre; les nœuds des vieux troncs semblent des yeux qui vous regardent, & sous les feuilles remuées on croit voir des fuites de robes ou de suaires.

Ce regard qui dégage de l'aspect naturel l'aspect fantastique, Victor Hugo n'en est pas moins doué à l'endroit de l'architecture. Il rend aussi bien la terreur froide des ruines que l'horreur secrète des forêts. A son génie se mêle quelque chose du génie de Piranèse, le Smarra architectural, dont les noires eaux-fortes donnent la sensation du rêve & du cauchemar. Comme lui, il aime à se promener dans les décombres des édifices abandonnés, à descendre les escaliers chancelants qui mènent aux lieux profonds, à errer dans le dédale obscur des couloirs sans issue, la lanterne sourde d'Anne Radcliffe à la main. Il est inutile d'insister plus longtemps sur cette faculté extraordinaire. Tout le monde a lu & relu *Notre-Dame de Paris* qui, on peut le dire, a sauvé l'art du moyen âge en France & donné à l'archéologie une impulsion lyrique.

Ainsi donc voilà notre rêveur parti : une strophe volette dans son cerveau avec un frémissement d'ailes qui se déplient & cherchent à prendre leur vol. Il marche de ce pas lent & machinal que ne commande plus la volonté. Déjà il a quitté la ville, & les objets se peignent dans son œil qui ne regarde pas, mais qui voit. Les tableaux se succèdent, composés de réalité & de chimère, de ténèbres & de rayons, se mêlant à la vision intérieure & s'y teignant de reflets

surnaturels; tantôt c'est à travers quelques bouquets d'arbre le clocher de Wordsworth montrant le ciel de son doigt silencieux comme pour faire souvenir la terre que Dieu est

là-haut ; tantôt, sur une zone claire du couchant où se
traîne comme un crocodile au ventre écaillé de lumière un
long nuage sombre & gonflé de pluie, se profile en vigueur
la dentelure d'un vieux château demi-fantastique hérissée de

toits en éteignoir, d'aiguilles, de cheminées & de clochetons
bulbeux, ayant pour premier plan une gerbe d'arbres singu-
liers. Plus loin, dans le pli d'un vallon, une chaumière presque

enfouie sous les ramures trahit sa présence par un filet de
fumée & dit qu'une âme habite là. Au bout du vallon, qui
s'étrangle & s'escarpe en gorge abrupte, une forteresse

démantelée, éventrée, effondrée, se dresse avec ses pans de
murs dont les pierres continuent la roche. Un arbre mort,
tordant son squelette, fait face à l'édifice mort où rien n'est
resté debout que le clocher de la chapelle. Sur le versant

opposé, un rocher à configuration monstrueusement humaine
semble **un Volney** romantique méditant sur les ruines. Le
poëte marche toujours; un groupe de strophes s'est détaché
de son front songeur, & voici qu'au sommet d'un pic, comme
une couronne aux pointes aiguës, une flèche gothique ouvrée

& fenestrée à jour s'élance à l'escalade du ciel avec une
folle ardeur **d'ascension**, sans s'inquiéter si les autres aiguilles

plus humbles la peuvent suivre à ces hauteurs vertigineuses.
Une ville jaillit d'un gouffre sombre sur le plateau d'une
montagne, comme Ronda ou Constantine, découpant sur le

ciel orageux ses remparts lézardés par la brèche, ses tours
au profil écorné, ses clochers à renflements, ses échauguettes,
ses pignons en escalier & ses cheminées noires. Le promeneur
a débouché dans la plaine. Le soleil disparaît à l'horizon
parmi les braises & les fumées du couchant derrière la silhouette d'une ville à dômes & à tours incendiée de reflets

ardents où l'imagination peut voir l'embrasement de Sodome
ou de Moscou. Puis la nuit vient; l'immensité se tend de
crêpes lugubres qu'égratignent comme des fils de paillon

quelques vagues traînées de lumière. Les ruines d'un vieil
édifice inconnu s'ébauchent obscurément sous une blafarde

lueur & s'écrasent au milieu des rochers & des broussailles.
Un burg s'élève au centre d'un cercle de montagnes farou-

ches, comme Barberousse entouré de chevaliers en révolte.
Mais la pièce de vers est finie. La rime suprême a répondu
à l'appel de sa sœur; il est temps de rentrer au logis, où la
famille attend sur le seuil le retour du rêveur pour l'agape
du soir. Il n'y a plus que le bois à traverser. Sur la face
argentée de la lune, les déchiquetures entre-croisées des
ramures font l'effet d'une voilette de Chantilly sur un visage
pâle Dans les herbes, les ombres & les lueurs prolongent

leurs stries bizarres, & les effarements nocturnes se tapissent
derrière les taillis difformes. Tout le frisson des grands bois
aux heures sombres palpite sous ces hachures désordonnées
où l'œil inattentif ne verrait qu'un griffonnage.

Après les causeries du dessert, le poëte confie au
papier les vers qu'il a butinés pendant sa longue prome-
nade, & s'il reste une place blanche, parfois de la même
plume dont il vient de fixer des strophes immortelles, il
esquisse en traits rapides & nonchalants les images confu-
sément perçues à droite & à gauche de la route. Nous ne
répondrions pas que toujours il ait vu réellement ce qu'il
dessine : un colombier de ferme a peut-être été le point
de départ de ce burg sourcilleux; un village enflammé par
le couchant est devenu l'incendie d'une cité babylonienne;
les grossissements & les déformations du crépuscule ont fait
d'une humble chaumine une forteresse sinistre & formidable,
& des ondulations d'un tertre une sierra aux crêtes chenues;
ce qui n'était qu'un arbre s'est contourné en fantôme, &
les objets les plus simples ont pris des apparences spectrales.
Car le talent de Victor Hugo, qu'il écrive ou qu'il dessine,

a cela de particulier qu'il est à la fois exact & chimérique. Il rend l'aspect visible des choses avec une précision que nul n'a égalé, mais il rend aussi l'aspect invisible au vulgaire ; derrière la réalité il met le fantastique comme l'ombre derrière le corps, & n'oublie jamais qu'en ce monde toute figure, belle ou difforme, est suivie d'un spectre noir comme d'un page ténébreux.

Maintenant que nous avons enchâssé & serti dans notre pauvre style comme des pierres de mosaïques dans du mortier les petits bois qui représentent les fantaisies répandues çà & là sur les marges des livres & des manuscrits, arrivons aux dessins plus importants, aux planches tirées à part & gravées par M. Paul Chenay. Après les esquisses, les tableaux.

Parmi ces dessins il y a des paysages d'un caractère bizarre, mais ce qui frappe d'abord ce sont les planches qu'on pourrait appeler des « rêves d'architecture. » Une surtout retient longtemps la pensée & le regard par la singularité de la composition, la fantaisie de l'effet & la profondeur mystérieuse du sens.

Au sommet d'une plate-forme ou d'une terrasse dont une des parois s'escarpe dans le vide, s'élève un grand mur qui se replie à angle droit en perspective infinie jusqu'à une tourelle lointaine coiffée d'un toit en poivrière & surmontée d'une girouette à queue d'aronde. A l'angle le plus rapproché du spectateur, contre une tour carrée qui ne dépasse guère le faîte du mur, s'applique un portail très-ouvragé à fronton aigu que flanquent deux clochetons hérissés de crosses. Au-dessus du porche s'ébauche vaguement un bas-relief confus. Sur le côté s'ouvre une poterne qu'encadrent des ornements en volute dans le goût de la Renaissance. De l'enceinte formée par la muraille s'élève, comme un donjon du centre d'une forteresse, un groupe de bâtiments, bizarre amalgame de pignons denticulés, de toits pointus, d'étages en surplomb, de cabinets superposés, que zèbre fantastiquement l'ombre de nuages amoncelés au-dessus du château par bancs sinistres, où flamboient quelques éclairs fauves. Au bas de la muraille se lit, dans une espèce de cartouche, cette inscription en lettres majuscules : « homo lapides, nubes deus, » sentence mélancolique & dont l'énigme concise renferme bien des sens. Le château de pierres bâti par l'homme durera moins que le château de nuées bâti par Dieu. L'éternelle mobilité des nuages est plus solide que le granit, & depuis longtemps l'édifice aura disparu que les vapeurs continueront à entasser leurs fantastiques architectures sur le plateau désert.

Une autre planche intitulée : « Espagne, un de mes châteaux, » ferait une merveilleuse décoration : don Ruy Gomez de Silva & Doña Sol y logeraient sans déroger. Au pied d'une montagne farouchement ravinée se développe le manoir féodal projetant son ombre opaque sur la plaine. Les murailles sont hautes & fortes, soutenues de tours carrées; l'une d'elles porte une logette crénelée par-dessous comme un moucharaby. Au centre un prodigieux portail de construction plus moderne & bâti dans ce style que les Espagnols appellent plateresco, qui est pour ainsi dire le rococo de la Renaissance, entasse sur la vieille & robuste muraille la complication touffue de ses ornements. Sur deux espèces de consoles formant les jambages de la porte repose un mirador surmonté lui-même de tourelles évidées qui s'accolent à une sorte de campanile à pointe enrichie de fleurs en plomb. Hernani a dû gravir plus d'une fois les marches qu'on entrevoit sous l'ombre du porche. Quelques barbacanes percent de loin en loin l'épais rempart où s'ouvre une seule fenêtre à colonnettes & à fronton coupé qu'a fait sans doute pratiquer la châtelaine, ennuyée de manquer d'air & de jour dans sa chambre. Une potence de fer, scellée au mur de la tour, montre que le seigneur de ce romantique manoir a droit de justice basse & haute sur ses terres. Au loin miroite une eau sombre qui reflète le clocher d'une chapelle. Le vieux baron de fer des *Odes & Ballades* aimerait à vivre là « oubliant, oublié. »

Il est difficile de rêver quelque chose de plus opaquement sinistre que *le Burg*. Le ciel sombre comme une plaque de marbre noir est rayé de hachures diagonales, longs filets de pluie poussés par la tempête à l'assaut de la ruine. Il ne reste plus au sommet du pic qu'une tour à pignon crénelé, celle-là même où dut flotter la bannière de Job le Maudit. Des arrachements de murs, des pans de remparts lézardés font encore reconnaître le contour de l'ancienne enceinte. Une porte s'ouvre lugubrement sur l'abîme. Le long des escarpements du rocher dont la base se perd dans les tourbillons de la rafale, des anfractuosités difformes, des végétations hideuses semblent des araignées gigantesques qui montent à ces décombres que les fantômes seuls habitent, pour s'y tapir & y tisser leurs toiles démesurées.

Le Château, quoiqu'il ait l'air encore assez rébarbatif au bord de ce lac trop sombre pour le refléter, est un logis plus présentable. Sa silhouette ne s'ébrèche pas sur le ciel plombé ; ses tours & ses pavillons ont encore leur coiffure d'ardoise ; ses girouettes tournent à tous les souffles au bout de leur broche de fer ; aucune pierre n'est tombée au fond du gouffre, & s'il y a dans le manoir une oubliette pour le cadavre, un corridor pour le spectre, il y a aussi une chambre pour l'homme.

Sur une teinte bleuâtre & rehaussée de blanc qui joue le clair de lune, l'*Abbaye* détache sa masse imposante ; on distingue encore parmi les écroulements la carcasse & comme l'ossature du vieil édifice. Les deux pignons de la nef sont restés debout. Le toit s'est effondré. Les vents & les pluies d'hiver ont défoncé au-dessus du portail la grande fenêtre à meneaux trilobés, qui maintenant s'ouvre béante & noire dans la nuit. Aux décombres de l'église, la manse abbatiale épaule ses murs chancelants où les croisées ont pris la forme de brèches. Un portique à colonnettes romanes percé d'une porte en plein cintre s'argente aux rayons de l'astre nocturne & dessine ses détails assez bien conservés sur le fond sombre de l'antique muraille. A l'angle de la manse se dresse un clocheton de pierre au toit écaillé, & tout au fond, derrière l'église, un clocher profile sa forme obscure. La ronde du sabbat tournerait à l'aise dans la nef déserte ayant pour plafond la nuit & sous ses pieds fourchus les tombes des anciens moines.

Si cette planche qui représente, au bord d'une vaste étendue d'eau où glisse une voile, une botte de tours bizarrement reliées entre elles par des constructions hybrides, n'avait pour titre « *près Dunkerque,* » on pourrait croire, à voir les toits à pignons, à boules, à renflements étranglés & pansus, que le croquis a été pris sur les rives du Volga, entre Ribinsk & Kostroma, pendant une halte du bateau à vapeur, d'après un de ces couvents ou de ces villages que les bulbes de leurs clochers & les dômes bizarres de leurs églises désignent à l'attention du voyageur, tels que Romanov, Spaskoe, Novospaskoe ou Borisoglievsk.

Cette gravure, d'une teinte lumineuse & blonde, nous servira de transition pour arriver aux paysages proprement dits. Nous y distinguerons tout d'abord un groupe de trois planches, une sorte de trilogie où la même idée se poursuit & se développe : *le Fleuve, la Rivière, le Ruisseau. Le fleuve,* c'est le Rhin qui s'épanche large & vaste entre sa double ceinture de montagnes couronnées de burgs en ruines. Au milieu du courant s'élève sur un écueil la fameuse tour des rats, Mæusethurm. Un bateau à voiles glisse sur l'eau transparente qu'il sillonne de son long reflet. Des nuages ingénûment tirebouchonnés rampent au-dessus des collines abruptes dans un ciel rayé de lueurs dont le fleuve s'illumine en les répétant. Cette planche, une des plus considérables du recueil, ferait une magnifique illustration aux *Lettres sur le Rhin;* elle est du reste gravée par M. Paul Chenay avec une science fidèle qui n'enlève rien à la naïveté de l'original. *La rivière,* plus humble, comme il convient, coule paisiblement à travers une plaine où miroitent de loin en loin ses méandres sous des coups de lumière; à gauche, un coteau crayeux avec un village à ses pieds; à droite, une longue file d'arbres accompagnant une route jusqu'aux lointaines brumes de l'horizon. Ce n'est rien & c'est charmant. Un vrai instinct de paysagiste vivifie cette légère croquade. *Le ruisseau*, qu'on prendrait pour une étude d'après nature de Flers, dans quelque grasse prairie normande, glisse entre les herbes de ses bords. Deux peupliers détachent en vigueur leur frêle découpure d'un fond de ciel lumineux. Une lisière de bois termine à l'horizon la prairie.

Rien de plus nocturne, de plus solitaire & de plus mystérieux que la planche ayant pour titre cette épigraphe empruntée à Virgile : *Amica silentia*, « les silences amis ! » Dans l'obscurité bleuâtre, des arbres muets étalent leurs ramures que ne fait pas trembler un seul souffle de vent. Les herbes même sont immobiles. A travers l'ombre, la solitude écoute le silence,

« *Et sur l'horizon gris la lune est large & pâle.* »

On pourrait prendre *le Matin* pour une eau-forte de Rembrandt. Derrière la berge d'un canal hollandais, l'aube se lève dans de chaudes vapeurs qu'elle traverse de clartés. Au bord du canal, une maison à pignon découpé, des bouquets de grands arbres noirs criblés de lumière, une tour, &, un peu en arrière, un clocher à flèche aiguë, puis l'eau transparente & sombre, mêlée de reflets & de lueurs, égratignée de rayons, écaillée de paillettes, & sur le premier plan un coin brun de la rive pour repoussoir. La gravure de ce dessin est merveilleusement réussie. Mais voici que le *Souvenir d'un brouillard*, enveloppant les formes comme la vapeur du rêve, s'étend sur une plaque vaguement estompée d'aqua-tinte à travers laquelle les silhouettes à demi effacées des peupliers & des ormes apparaissent comme des arborisations sous la transparence laiteuse d'une agate. Mais à quoi bon tant de vaines phrases, & pourquoi multiplier des pages que le lecteur tourne d'un pouce impatient? Laissons parler les dessins de Victor Hugo, ils s'expliqueront bien tout seuls.

THÉOPHILE GAUTIER.

LETTRE

DE

VICTOR HUGO

Hauteville-House, 5 octobre 1862.

Mon cher monsieur Castel,

Le hasard a fait tomber sous vos yeux quelques espèces d'essais de dessins faits par moi, à des heures de rêverie presque inconsciente, avec ce qui restait d'encre dans ma plume, sur des marges ou des couvertures de manuscrits. Ces choses, vous désirez les publier; & l'excellent graveur, M. Paul Chenay, s'offre à en faire les *fac-simile*. Vous me demandez mon consentement. Quel que soit le beau talent de M. Paul Chenay, je crains fort que ces traits de plume quelconques, jetés plus ou moins maladroitement sur le papier par un homme qui a autre chose à faire, ne cessent d'être des dessins du moment qu'ils auront la prétention d'en être. Vous insistez pourtant, & je consens. Ce consentement à ce qui est peut-être un ridicule veut être expliqué : voici donc mes raisons.

J'ai établi depuis quelque temps dans ma maison, à Guernesey, une petite institution de fraternité pratique que je voudrais accroître & surtout propager. Cela est si peu de chose que je puis en parler. C'est un repas hebdomadaire d'enfants indigents. Toutes les semaines, des mères pauvres me font l'honneur d'amener leurs enfants dîner chez moi. J'en ai eu huit d'abord, puis quinze; j'en ai maintenant vingt-deux. Ces enfants dînent ensemble; ils sont tous confondus, catholiques, protestants, Anglais, Français, Irlandais, sans distinction de religion ni de nation. Je les invite à la joie & au rire, & je leur dis : Soyez libres. Ils ouvrent & terminent le repas par un remerciement à Dieu, simple & en dehors de toutes les formules religieuses pouvant engager la conscience. Ma femme, ma fille, ma belle-sœur, mes fils, mes domestiques & moi, nous les servons. Ils mangent de la viande & boivent du vin, deux grandes nécessités pour l'enfance. Après quoi ils jouent, puis vont à l'école. Des prêtres catholiques, des ministres protestants, mêlés à de libres penseurs & à des démocrates proscrits, viennent quelquefois voir cette humble cène, & il ne me paraît pas qu'aucun sorte mécontent. J'abrége; mais il me semble que j'en ai dit assez pour faire comprendre que cette idée, l'introduction des familles pauvres dans les familles moins pauvres, introduction à niveau & de plain-pied, fécondée par des hommes meilleurs que moi, par le cœur des femmes surtout, peut n'être pas mauvaise; je la crois pratique & propre à de bons fruits, & c'est pourquoi j'en parle, afin que ceux qui pourront & voudront l'imitent. Ceci n'est pas de l'aumône, c'est de la fraternité. Cette pénétration des familles indigentes dans les nôtres nous profite comme à eux; elle ébauche la solidarité; elle met en action & en mouvement, & fait marcher pour ainsi dire devant nous la sainte formule démocratique : Liberté, Égalité, Fraternité. C'est la communion avec nos frères moins heureux. Nous apprenons à les servir, & ils apprennent à nous aimer.

C'est en songeant à cette petite œuvre, Monsieur, que je crois pouvoir faire un sacrifice d'amour-propre, & autoriser la publication souhaitée par vous. Le produit de cette publication contribuera à former la liste civile de mes petits enfants indigents. Voici l'hiver; je ne serais pas fâché de donner des vêtements à ceux qui vont en haillons & d'offrir des souliers à ceux qui vont pieds nus. Votre publication m'y aidera. Ceci m'absout d'y consentir. J'avoue que je n'eusse jamais imaginé que mes dessins, comme vous voulez bien les appeler, pussent attirer l'attention d'un éditeur connaisseur tel que vous, & d'un rare artiste tel que M. Paul Chenay : que votre volonté s'accomplisse ; ils se tireront comme ils pourront du grand jour pour lequel ils n'étaient point faits; la critique a sur eux désormais un droit dont je tremble pour eux, je les abandonne; je suis sûr toujours que mes chers petits pauvres les trouveront très-bons.

Publiez donc ces dessins, Monsieur Castel, & recevez, avec tous mes vœux pour votre succès, l'assurance de mes sentiments les plus distingués.

VICTOR HUGO.

Paul Chenay d'après Victor Hugo.

LE FLEUVE

Rhin. Tour des Rats

LE CHATEAU

Paul Chenay d'après Victor Hugo.

BURG

L'ABBAYE

TABLE